Geistesgaben

Was lehrt die Bibel darüber?

Reihe Orientierung, Band 11

SAMENKORN

2. Auflage 2022
Bestellnummer: 894 063
Text und Herausgeber: Dr. Lothar Gassmann

ISBN 978-3-86203-063-7

Inhalt

Einleitung

In diesem Beitrag geht es um die sogenannten Gnadengaben (griech. Charismata) oder Geistesgaben (griech. Pneumatika). Sie werden in 1. Korinther 12 und Römer 12 aufgezählt und an verschiedenenen anderen Stellen der Heiligen Schrift näher beschrieben.

In 1. Korinther 12,7-11 schreibt der Apostel Paulus, inspiriert vom Heiligen Geist: *In einem jeden offenbart sich der Geist zum Nutzen aller; dem einen wird durch den Geist gegeben, von der Weisheit zu reden; dem andern wird gegeben, von der Erkenntnis zu reden, nach demselben Geist; einem andern Glaube, in demselben Geist; einem andern die Gabe, gesund zu machen, in dem einen Geist; einem andern die Kraft, Wunder zu tun; einem andern prophetische Rede; einem andern die Gabe, die Geister zu unterscheiden; einem andern mancherlei Zungenrede* (Sprachenrede)*; einem andern die Gabe; sie auszulegen. Dies alles aber wirkt derselbe eine Geist und teilt einem jeden das Seine zu, wie Er will.*

Dazu ergänzend lesen wir nun Römer 12,3-8: *Denn ich sage durch die Gnade, die mir gegeben ist, jedem unter euch, dass niemand mehr von sich halte, als sich's gebührt zu halten, sondern dass er maßvoll von sich halte, ein jeder, wie Gott das Maß des Glaubens ausgeteilt hat. Denn wie wir an einem Leib viele Glieder haben, aber nicht alle Glieder dieselbe Aufgabe haben, so sind wir viele <u>ein</u> Leib in Christus, aber untereinander ist einer des andern Glied, und haben verschiedene Gaben nach der Gnade, die uns gegeben ist. Ist jemand prophetische Rede gegeben, so übe er sie dem Glauben gemäß. Ist jemand ein Amt* (Dienst) *gegeben, so diene er. Ist jemand Lehre gegeben, so lehre er. Ist jemand Ermahnung gegeben, so ermahne er. Gibt jemand, so gebe er mit lauterem Sinn. Steht jemand der Gemeinde vor, so sei er sorgfältig. Übt jemand Barmherzigkeit, so tue er's gern.*

Die Gaben der Weisheit und der Erkenntnis

Ich möchte nun mit der ersten Gabe beginnen, die in 1. Korinther 12 genannt ist: »*Ein Wort der Weisheit*«. Die Gabe der Weisheit bedeutet, dass der Mensch befähigt ist, Gottes Wort und Willen zu erkennen, Seinen Plan zu verstehen. Die Weisheit Gottes ist insbesondere in Seinem Sohn Jesus Christus verborgen, in welchem sich alle Schätze der Weisheit und der Erkenntnis finden (Kolosser 2,3). Wenn ein Mensch die Weisheit, die Gott in Seiner Heilsgeschichte, in Seinem Erlösungsplan, offenbart hat, versteht, dann darf er auch diese Gabe entfalten und diese Weisheit weitergeben.

Mit der Gabe der Weisheit hängt eng die Gabe der Erkenntnis zusammen; das *Wort der Erkenntnis*, wie man in Vers 8 nachlesen kann. All dies ist von demselben Geist Gottes gegeben. Das bedeutet, dass der Mensch Gottes Wahrheit verstehen kann, dass er Einsicht in die Geheimnisse von Gottes Wort haben kann und ihm diese Weisheit nicht verborgen bleiben muss. Gottes Wort ist nicht immer leicht zu verstehen und ohne Gebet, ohne wirkliches Ringen auf den Knien, werden wir Gottes Wort nicht begreifen. Es gibt Bibelstellen, die sehr einfach und klar sind; es gibt aber auch Bibelstellen, die sehr kompliziert und dunkel erscheinen, die jedoch, wenn der HERR einem die Erkenntnis schenkt, sich plötzlich aufhellen. Auch dieses Erkennen ist eine Gabe, die Gott bestimmten Dienern in Seiner Gemeinde gegeben hat. Allerdings bleibt unsere Erkenntnis Stückwerk. Dies wird in 1. Korinther 13,9 betont und darauf werde ich noch zurückkommen. Diese Tatsache soll uns demütig und bescheiden bleiben lassen, wie es auch die angeführte Stelle aus Römer 12 bezeugt.

Die beiden Gaben, Weisheit und Erkenntnis, hängen sehr eng miteinander zusammen und lassen sich nicht voneinander trennen. Die Gabe der Erkenntnis hilft, die göttliche Weisheit zu verstehen. Diese Gaben haben zwei Stufen. Die erste Stufe beinhaltet, dass uns das Wort Gottes geschenkt wurde, die zweite Stufe, dass wir es heute verstehen und auslegen können. Zu beidem wird die Erleuchtung durch den Heiligen Geist benötigt. Gott hat Seinen ersten Boten, den Propheten und Aposteln die Gaben einer inspirativen (von Gott eingegebenen) Erkenntnis geschenkt. Diese Gabe diente damals als Grundlegung der Gotteserkenntnis bzw. als so genannte inspirative Offenbarungsgabe und schuf die Entstehung des biblischen Kanons, wie er uns heute vorliegt.

Dies waren unmittelbare Worte der Erkenntnis, die der Herr Jesus selbst vorausgesagt hat. Gemäß Johannes 16,5-15 hat Jesus verkündigt, dass Er zum Vater geht und von dort den Tröster sendet, den Heiligen Geist, der die Jünger in alle Wahrheit leitet. Dieser wird, so sagt Jesus, offenbaren, was über Ihn zu sagen ist – so sind dann die Evangelien entstanden. Er wird auch das Zukünftige offenbaren – damit ist die Offenbarung an Johannes gemeint – und auch alle anderen apokalyptischen, eschatologischen Aussagen in den Evangelien und Lehrbriefen.

Gott hat Seinen Geist gesendet, den Geist der Erkenntnis, und hat den Aposteln und Propheten das Wort der Erkenntnis gegeben, wodurch sie uns das Neue Testament überliefert haben. Das Gleiche gilt natürlich auch für die Entstehung des Alten Testaments, der hebräischen Bibel – auch dafür hat Gott Seinen Boten Seinen Geist gesandt. Dies versteht man unter einer inspirativen Offenbarungsgabe.

Haben wir heute in gleicher Weise diese Weisheits- und Erkenntnisgabe? Wir haben Erkenntnis, um das Wort Gottes, das uns jetzt als biblische Überlieferung, als biblischer Kanon vorliegt, richtig zu verstehen.

Auch dazu brauchen wir Weisheit und Erkenntnis. Aber diese Gabe gleicht nicht einer inspirativen Offenbarungsgabe, wie sie zur Entstehung der Bibel notwendig war. Wenn heute etwas zur Bibel hinzugefügt wird, dann steht dies im Widerspruch zum Wort Gottes, welches bereits für alle Zeiten feststeht und nicht vergehen wird.

Gottes Wort bleibt in Ewigkeit. Warum kann ich dies so behaupten? Weil dies in der Bibel selber klar ausgesagt wird! Ich möchte dazu eine zentrale Bibelstelle anführen, die besagt, dass zur Bibel keine neue Offenbarung hinzugefügt werden darf. Diese befindet sich in Offenbarung 22 am Ende der Bibel. Sie bezieht sich deshalb nicht nur auf das Buch der Offenbarung, sondern auf die gesamte Heilige Schrift, wie sie uns als Kanon vorliegt, da die Offenbarung an Johannes die Heilige Schrift abschließt.

So lesen wir in Offenbarung 22,18: *Fürwahr, ich bezeuge jedem, der die Worte der Weissagung dieses Buches hört: Wenn jemand etwas zu diesen Dingen hinzufügt, so wird Gott ihm die Plagen hinzufügen, von denen in diesem Buch geschrieben steht.*

Diese Warnung gilt für alle Neuoffenbarungsbewegungen, Sekten und falschen Propheten, die meinen, sie könnten die Bibel ergänzen – sei es das Buch Mormon oder die Wachtturmbibel, die Schriften der Gabriele Witteck, die Aussagen von Jakob Lorber, katholische Mystiker usw. Auch pfingstliche und charismatische Kreise neigen zu solchen »Ergänzungen«. Sie alle haben gedacht, sie könnten die Bibel vervollständigen. Aber jeder sollte sich davor hüten, der Bibel etwas hinzuzufügen.

Durch die heutige Weisheits- und Erkenntnisgabe können wir Gottes Wort verstehen und recht auslegen. Wir ergänzen Gottes Wort nicht, sondern benötigen vom Heiligen Geist die Gabe, es recht zu verstehen.

Weiter heißt es warnend in Offenbarung 22,19: ... *und wenn jemand etwas wegnimmt von den Worten des Buches dieser Weissagung, so wird Gott wegnehmen seinen Teil vom Buch des Lebens und von der heiligen Stadt und von den Dingen, die in diesem Buch geschrieben stehen.*

Dies ist eine deutliche Warnung davor, die Heilige Schrift auf irgendeine Weise zu verändern und zu verfälschen. Lasst euch davor warnen und tut es nicht! Habt Ehrfurcht vor Gott und Seinem Wort!

Jedes Bekenntnis, das – egal von wem – in Anlehnung an die Heilige Schrift formuliert wird, muss sich von dieser überprüfen und wenn nötig korrigieren lassen. Wenn ein Bekenntnis einer Überprüfung anhand der Heiligen Schrift nicht standhält, also Inhalte äußert, die die Bibel nicht lehrt, ist es abzulehnen.

Dies haben die Reformatoren immer betont. Sie nannten die Bibel die normierende Norm, auf lateinisch die »norma normans«, und die aus der Bibel abgeleiteten Bekenntnisse die normierte Norm, lateinisch die »norma normata«. Dieses Prinzip darf nicht umgekehrt werden. Die Bibel bleibt die Richtschnur und die einzige Grundlage des Glaubens und Lebens des Gläubigen.

So viel zur Gabe der Weisheit und der Erkenntnis.

Die Gabe des Glaubens

Als weitere Gabe wird in Vers 9 der Glaube erwähnt: ... *einem andern Glauben, in demselben Geist.* Was ist hiermit gemeint? Jeder wirklich Gläubige besitzt den rettenden Glauben an Jesus als den gekreuzigten, auferstandenen und wiederkommenden Herrn. Jesus ist ja der einzige Weg zum Vater! Dieser Glaube ist an dieser Stelle nicht gemeint, sondern es geht hier um eine besondere Gabe des Glaubens, die über den normalen allgemeinen Glauben der Christen hinausgeht.

Es finden sich unter uns Christen Gläubige, die haben einen ganz besonderen, unerschütterlichen, festen Glauben. Sie vertrauen so felsenfest auf Gottes Verheißungen, dass sie – bildlich gesprochen – sogar Berge versetzen können. Dies ist aber kein Glaube, der sich seines Glaubens rühmt, sondern der klein ist wie ein Senfkorn. Aus ihm kann jedoch Großes erwachsen, weil der HERR es wirkt – und nicht ich selbst!

Es ist auch nicht »der Glaube an meinen Glauben«, der Großes wirkt, wie es in der Irrlehre des »positiven Denkens« von Norman Vincent Peale, Josef Murphy, Yonggi Cho und anderen gelehrt wird. Der biblische Glaube ist der – von Gott geschenkte! – Glaube an Gott als denjenigen, der wirkt, der hilft, der heilt und tröstet.

Es ist, dies sei nochmals betont, nicht der Glaube an mich oder an meinen Glauben an sich, der etwas bewirkt. Der biblische Glaube glaubt an Gott als Person, der außerhalb von mir in das Weltgeschehen und somit auch in mein Leben eingreift, der Seinen Arm ausstreckt und – auch heute noch – Wunder tut, in der Weise, wie ich sie noch beschreiben werde. Einen solchen Glauben hatten die Väter und Mütter des Glaubens in der Heilsgeschichte.

Ich möchte als Beispiel für diesen Glauben, der – im bildlichen Sinne – Berge versetzt, aus Hebräer 11 zitieren. Das ganze Kapitel 11 handelt von der Wolke der Zeugen, die uns Vorbilder in ihrem festen, auf Gott den HERRN gegründeten Glauben sind.

So lesen wir in Hebräer 11,32-34: *Und was soll ich noch sagen? Die Zeit würde mir ja fehlen, wenn ich erzählen wollte von Gideon und Barak und Simson und Jephta und David und Samuel und den Propheten, die durch Glauben Königreiche bezwangen, Gerechtigkeit wirkten, Verheißungen erlangten, die Rachen der Löwen verstopften; sie haben die Gewalt des Feuers ausgelöscht, sind der Schärfe des Schwertes entkommen, sie sind aus Schwachheit zu Kraft gekommen, sind stark geworden im Kampf, haben die Heere der Fremden in die Flucht gejagt. Frauen erhielten ihre Toten durch Auferstehung wieder.*

Diese wunderbaren Handlungen sind alle durch den Glauben erfolgt. Gott hat geholfen und wunderbar eingegriffen. Aber Gott erhört nicht immer so, wie wir es wollen und uns vorstellen. Viele Glaubenshelden waren bereit zu leiden – und gerade darin hat sie Gott mittels ihres Glaubens durchgetragen. Diese Schilderung folgt nun unmittelbar und abrupt in Hebräer 11,35 ff.:

… andere aber ließen sich martern und nahmen die Befreiung nicht an, um eine bessere Auferstehung zu erlangen; und andere erfuhren Spott und Geißelung, dazu Ketten und Gefängnis; sie wurden gesteinigt, zersägt, versucht, sie erlitten den Tod durchs Schwert, sie zogen umher in Schafspelzen und Ziegenfellen, erlitten Mangel, Bedrückung, Misshandlung; sie, deren die Welt nicht wert war, irrten umher in Wüsten und Gebirgen, in Höhlen und Löchern der Erde. Und diese alle, obgleich sie durch den Glauben ein gutes Zeugnis empfingen, haben das Verheißene nicht erlangt, weil Gott für uns etwas Besseres vorgesehen hat, damit sie nicht ohne uns vollendet würden.

So sollen diese Heiligen des Alten Bundes mit der Gemeinde des Neuen Bundes zusammen vollendet werden. Aber auch sie sind durch Glauben selig geworden. Sie haben auf den Messias gewartet. Sie haben in den Vorschattungen des alttestamentlichen Opferdienstes bereits an Ihn geglaubt und sind dadurch genau wie die Gläubigen des Neuen Bundes gerettet. In Jesus Christus hat sich ihre Hoffnung erfüllt, so wie im Tempel Simeon und Hanna den gekommenen Messias gepriesen haben (Lukas 2,21-40).

Diesen unerschütterlichen Glauben gab es natürlich auch später in der Geschichte der Gemeinde Jesu. Ich erinnere an Männer wie John Wesley, George Whitefield, Charles Haddon Spurgeon und Georg Müller. Georg Müller, der Waisenhausvater von Bristol, war oft an der Grenze des Machbaren und Möglichen und hat immer wieder Hilfe von Gott über Bitten und Verstehen erfahren. Oft wusste er nicht mehr, wie er sich und seine Waisenkinder ernähren sollte und hat doch den unerschütterlichen Glauben an Gott nicht verloren. Immer wieder wurde die Hilfe zur rechten Zeit geschickt. Dies nur als kleines Beispiel für eine solche Gabe des Glaubens.

Nun ergeht die Frage an uns: Hast du auch einen solchen Glauben, dass der HERR zu Seiner Zeit eingreift, dass Er uns nicht im Stich lässt? Und wenn Gott uns anders führt als erwartet – hast du dann die Glaubenshaltung, auch dies von Gott anzunehmen und Ihm dafür zu danken, – dann, wenn die Wege nicht immer leicht sind?

Glauben von Gott ist also zunächst rettender Glaube – und dann auch Glaube, der – bildhaft gesprochen – Berge versetzen kann!

Die Gabe der Heilung

Eine weitere Gabe, die genannt wird, sind die *Gnadengaben der Heilungen in demselben Geist*. Dies ist ein großes Thema, wenn man es erschöpfend behandelt. Ich möchte dazu an dieser Stelle nur Folgendes sagen:

Es gab besondere Zeiten, insbesondere als Jesus, der Messias, auf der Erde wandelte und eine unübersehbare Zahl von Heilungen bewirkte. Sie dienten dazu, Ihn als den Erlöser zu beglaubigen. Deshalb sprach man bei Gaben der Heilung auch von Zeichengaben. Sie wurden vor allem beim Erdenleben Jesu und in der apostolischen Zeit der Zeichen und Wunder geschenkt.

Manche behaupten, dass Heilungen und Wunder auf diese Zeit begrenzt sind. Das sehe ich differenziert. Das Neue Testament berichtet, dass der HERR und Seine Apostel durch Zeichen und Wunder in besonderer Art beglaubigt wurden. Als der Herr Jesus auf Erden weilte, heilte Er alle Menschen, die Ihm vertrauten – es sei denn, Er stieß auf Unglauben. Die Apostel wiederum vollbrachten auch noch Zeichen und Wunder in der Kraft Jesu. So wurde in der ersten apostolischen Zeit im Tempel ein Gelähmter geheilt. Auch wurden Menschen durch den Apostel Paulus geheilt, z. B. auf der Insel Malta, wo er gestrandet war.

Aber es gab bereits in apostolischer Zeit auch Fälle, bei denen *keine* Heilung erfolgte. Der Apostel Paulus etwa konnte den Timotheus nicht durch göttliches Wirken heilen, sondern empfahl ihm, etwas Wein zu trinken, um seinen Magen zu kurieren (1. Timotheus 5,23). Hier wird übrigens deutlich, dass Medizin in der Bibel nicht abgelehnt wird. Auch wenn Gott heilend eingreifen kann (woran ich auch in der heutigen Zeit noch glaube), so hat Er doch auch die Medizin geschaffen. Der Mensch kann sie für sich in Dankbarkeit fruchtbar machen. So kann auch Wein in geringen Mengen Medizin sein, während er in größeren Mengen natürlich schädlich ist.

Ferner lesen wir in 2. Timotheus 4,20, dass Trophimus krank in Milet zurückgelassen und nicht durch Wunder geheilt wurde. Der Freund von Paulus, Epaphroditus, wurde todkrank (Philipper 2,27) – und Paulus selbst hatte einen »Pfahl im Fleisch«, der ihm nicht weggenommen wurde (2. Korinther 12,7).

Wir können also in puncto Heilungen nichts verallgemeinern! Deshalb können wir auch heute nicht (wie manche schwärmerischen Kreise) behaupten, dass Gott jeden heilt und dass der, der nicht geheilt wird, nicht genug Glauben habe. Echte Charismen (Gnadengaben) lehne ich nicht ab, nur die falschen Nachahmungen und Verallgemeinerungen, auf denen Irrlehren aufgebaut und in welchen falsche Erwartungen gezüchtet werden. Dabei treten dann schwarmgeistige, unbiblische Phänomene auf (z. B. das Rückwärtsfallen als so genannte Wirkung vom Heiligen Geist, in Wirklichkeit aber als Gericht Gottes; siehe unten).

Es ist also eine unbiblische Lehre und widerspricht dem Neuen Testament, wenn behauptet wird, dass *jeder*, der gläubig ist, auch durch Glauben geheilt wird. Wir leben heute nicht mehr in der Zeit der apostolischen Zeichen- und Wunderfülle.

Manche fragen sich, ob der HERR heute dann überhaupt noch wunderbar heilt. Ja, der HERR heilt auch heute noch, wen *Er* möchte, denn Er ist derselbe gestern, heute und in Ewigkeit. Wir leben allerdings, wie gerade ausgeführt, nicht mehr in der Zeit der urchristlichen Zeichen- und Wunderfülle. Das sollten wir heilsgeschichtlich ernst nehmen.

Vor allem dürfen wir Heilungen – und Wunder allgemein – nicht erzwingen. Wir dürfen nicht zwingend beten, sonst geraten wir in die Magie hinein. Dies versuchen die Zauberer, indem sie mit Ritualen die Gottheit zu etwas zwingen wollen. Aber Gott lässt Sich nicht zwingen! Der HERR greift souverän ein.

Auch heute gilt noch die Verheißung Jesu: *Bittet, so wird euch gegeben*! (Matthäus 7,7). Es ist Beten in kindlichem Vertrauen und mit Jesu Worten: *Dein Wille geschehe*! (Matthäus 6,10). Auch ich habe viele Wunder und Heilungen auf diesem Gebiet erleben dürfen – nicht immer zu der Zeit, zu der wir es erhofften, sondern zu der Zeit, die der HERR bestimmte.

Wir dürfen und sollen aus Heilungen keine Show machen! Es gibt heute immer mehr Heilungsshows, bei denen Menschen auf die Bühne kommen, denen die Hände aufgelegt werden und die dann nach hinten umfallen, was in der Bibel ein Zeichen des Gerichts ist (siehe Jesaja 28,13). Bei diesen Veranstaltungen gibt es viele Dinge, die im wahrsten Sinn des Wortes nicht gesund sind. Viele dieser dort bewirkten so genannten Heilungen sind medizinisch fragwürdig oder als kurzfristige Suggestionsheilungen (eingebildete Heilungen) entlarvt worden.

Was gilt nun für uns als neutestamentliche Gemeinde, die wir nicht mehr in der apostolischen Zeit der Zeichen und Wunder leben? Wenn jemand unter uns krank ist, ist gemäß Jakobus 5 zu handeln. Wir lesen in Jakobus 5,13 ff.: *Leidet jemand von euch Unrecht? Er soll beten! Ist jemand guten Mutes? Er soll Psalmen singen!* Dies gehört grundlegend zu einem Christenleben. Die Freude im HERRN erhebt einen geistig, seelisch und körperlich. *Ist jemand von euch krank? Er soll die Ältesten der Gemeinde zu sich rufen lassen.* Die Ältesten sind bevollmächtigte Brüder, die in einer Gemeinde den Ältestendienst wahrnehmen … *und sie sollen für ihn beten und ihn dabei mit Öl salben im Namen des HERRN.* Öl ist ein Symbol für den Heiligen Geist. Man kann aber diese Handlung durchaus auch wörtlich verstehen und durchführen.

Und das Gebet des Glaubens wird den Kranken retten, und der HERR wird ihn aufrichten; und wenn er Sünden begangen hat, so wird ihm vergeben werden. Hier steht übrigens nicht »heilen«, sondern »retten« und »aufrichten«. Man muss bei Gottes Wort genau hinhören! Es kann durchaus eine Heilung stattfinden, aber zunächst geht es um die Vergebung und Reinigung von den Sünden, die den Kranken belasten. Wenn er sie in der Gegenwart der Ältesten bekennt, werden sie ihm vergeben werden. Auf jeden Fall wird der HERR den Kranken, der nach Jakobus 5 handelt, retten und aufrichten. Aufrichten kann heißen, dass es dem Kranken besser geht oder dass er sogar ganz geheilt wird. Dies steht ganz in dem Willen und der Macht Gottes. Das Wichtigste ist: ... *wenn er Sünden begangen hat, so wird ihm vergeben werden.*

Die Ältesten sollen nicht als »Übermenschen« kommen, die sich sündlos wähnen und moralisch über den Kranken stellen, sondern es heißt weiter: *Bekennt einander die Übertretungen und betet füreinander, damit ihr geheilt werdet! Das Gebet eines Gerechten vermag viel, wenn es ernstlich ist.* Ein ernstes Gebet ist mit Kraft erfüllt. Wo Luther »ernstlich« übersetzt, steht im griechischen Text »energoumenos« (mit Kraft erfüllt). Diese Stelle widerlegt ein Amtspriestertum, welches z. B. auf katholische Weise die »letzte Ölung« als Sakrament festlegt, denn es heißt klar: *Bekennt einander die Übertretungen.* Hier steht kein Priester über dem Laien, sondern es sind Älteste gemeint, die mit dem kranken Bruder oder der kranken Schwester als gleichwertige Brüder beten.

Die Ältesten müssen dabei nicht alle ihre Sünden beichten, sie sollen sich aber nicht über den Kranken erheben. Alle Menschen sind ohne Gottes Gnade verlorene Sünder – und mit dieser Sichtweise wird es auch dem Kranken leichter fallen, seine Sünden zu bekennen, als wenn ein Bruder ihm überheblich begegnet.

Die Heilungen in ihrer Fülle waren also eine Gnadengabe zur Zeit der Apostel. Aber auch heute noch kann Gott heilen. Wer kann denn Seine Macht beschränken? Es gibt ja übertriebene Sichtweisen, die besagen, dass Gott heute überhaupt keine Wunder mehr täte. Vor so einer Lehre möchte ich warnen! Damit würden wir den HERRN in Seiner Allmacht zu beschränken suchen. Es steht in keiner Bibelstelle, dass Gott daran gebunden wäre, keine Wunder zu tun! Aber Er tut heute nicht mehr diese Fülle der Wunder und Zeichen wie in der Erdenzeit Jesu und Seiner Apostel oder etwa der alttestamentlichen Propheten. Gott wirkt auch heute immer noch Heilungswunder, wenn wir Ihn in Demut bitten und gemäß Jakobus 5 handeln.

Ich finde keine einzige Stelle in der Heiligen Schrift, die auf eine Heilungsshow hinweist, wie wir sie heute leider erleben, bei welcher dem Heiler die Ehre gegeben, intensiv zum Geldeinsammeln aufgerufen wird und andere Missbräuche vorkommen! Dies ist eine sehr ungesunde Entwicklung. Bei solchen Veranstaltungen geht es meist chaotisch zu. Da fallen Menschen reihenweise nach hinten um, wobei sie von Mitarbeitern aufgefangen werden. Dies wirkt auf Außenstehende sehr abstoßend, vor allem auch für Christen, die noch ein Empfinden für Nüchternheit haben.

Solche Unordnung, in welcher auch so genanntes »heiliges Lachen« entsteht, unkontrollierte Zuckungen, sich auf dem Boden wälzen, wird von anderen Kräften als durch den Heiligen Geist hervorgerufen. In 1. Korinther 14,33 lesen wir: *Denn Gott ist nicht ein Gott der Unordnung, sondern des Friedens, wie in allen Gemeinden der Heiligen.*

Wirkungen von Wunderkräften

Das Gleiche, was ich über Heilungen gesagt habe, gilt auch für die nächste Gabe: *Wirkungen von Wunderkräften.* Auch heute kann Gott Wunder tun. Außer Heilungen gibt es noch andere Wunder.

Der Herr Jesus, als Er auf der Erde weilte, vollbrachte eine überwältigende Vielzahl von Wundern. Er verwandelte Wasser in Wein, erschuf Brot und Fische in riesiger Menge bei der Speisung der Fünftausend und der Viertausend. Er lief auf dem Wasser, was keiner der heutigen »Wundertäter« nachahmen kann. Ferner stillte Jesus den Sturm und weckte Tote auf. Er ist in den Himmel aufgefahren und sitzt zur Rechten Gottes.

Heutzutage können wir beten, dass Gott bei Wetterkatastrophen eingreift. Aber dem Sturm direkt gebieten, das kann nur Jesus und Er hat dies in einzigartiger Weise getan.

Heute tut Gott Wunder, indem Er in unser Leben oft wunderbar und auf unerklärliche Weise einwirkt. So erleben wir zum Beispiel göttliche Führungen, wenn wir Menschen treffen, wo und wie wir es nie vermutet hätten. Ich traf zum Beispiel einmal in einem Zug mit hunderten von Menschen irgendwo mitten in Deutschland die gläubige Professorin Eta Linnemann. Oder man begegnet im Ausland plötzlich Geschwistern, die man kennt. Solches geschieht mir relativ häufig. Dies sind auch schon Wunder, mit denen Gott uns beschenkt und lenkt. Des Weiteren schenkt Gott uns auch Erkenntnisse und eben auch wunderbare Heilungen an Geist, Seele und Leib.

Ich möchte ergänzend zu dem Thema »Zeichen und Wunder« eine Bibelstelle anführen, die manche vielleicht gar nicht kennen. Sie steht im Hebräerbrief. Dort wird noch einmal klar gesagt, dass die Zeit des irdischen Lebens Jesu und Seiner Apostel eine Zeit ganz besonderer Zeichen und Wunder war, die sich nicht einfach wiederholen lässt.

So lesen wir in Hebräer 2,1-4: *Darum sollten wir desto mehr auf das achten, was wir gehört haben, damit wir nicht etwa abgleiten. Denn wenn das durch Engel gesprochene Wort zuverlässig war und jede Übertretung und jeder Ungehorsam den gerechten Lohn empfing, wie wollen wir entfliehen, wenn wir eine so große Errettung missachten? Diese wurde ja zuerst durch den Herrn verkündigt und ist uns dann von denen, die Ihn gehört haben, bestätigt worden* (von den ersten Jüngern und den frühen Aposteln), ***wobei Gott Sein Zeugnis dazu gab mit Zeichen und Wundern und mancherlei Kraftwirkungen und Austeilungen des Heiligen Geistes nach Seinem Willen.***

Hier findet sich eine deutliche Parallele zu 1. Korinther 12. Gott *gab* («geben« steht hier in der Vergangenheitsform!) Seine Beglaubigung, *Sein Zeugnis mit Zeichen und Wundern und mancherlei Kraftwirkungen und Austeilungen des Heiligen Geistes* ... Dies ist auch eine Erklärung für die Bibelstelle Markus 16,17-18, in welcher ebenfalls solche Zeichen genannt sind, die denen folgen werden, die zum Glauben kommen. Dies gilt in erster Linie für die apostolische Zeit.

Ich persönlich will allerdings nicht ausschließen, dass Gott auch heute noch Wunder tut, wenn auch nicht mehr in dieser damaligen Fülle, so doch noch in kleinerem Rahmen. Wir sollen aber nicht zwingend beten, sondern uns dankbar und vertrauensvoll in Seinen Willen schicken, so wie Er uns führen und leiten und gnädig beistehen will. Vor falschen Zeichen und Wundern, die falsche Christusse und falsche Propheten in satanischer Macht vollbringen, sollten wir uns hüten und die Geister unterscheiden (siehe unten).

Die Gabe der Weissagung oder prophetischen Rede

Nun wieder zurück zu 1. Korinther 12. Hier folgt als weitere Geistesgabe: *Weissagung* (andere Übersetzung: Prophetie oder prophetische Rede). Hier gilt das, was ich in ähnlicher Weise schon bezüglich der

Weisheit und der Erkenntnis gesagt habe. Prophetische Rede war in der Urgemeinde eine Offenbarungsgabe, die zur Entstehung der Heiligen Schrift (unseres Kanons) geführt hat. Heute ist prophetische Rede eine Auslegungsgabe, durch welche in der Gemeinde von dazu berufenen Dienern, von Brüdern, die durch den Heiligen Geist geleitet sind, das Wort Gottes ausgelegt wird.

Diese prophetische Rede oder Weissagung wird in 1. Korinther 14 ausführlich behandelt und der Sprachenrede gegenübergestellt, worauf ich in der dortigen Auslegung näher und daher hier nur kurz eingehen werde. Prophetische Rede heißt einfach, dass man öffentlich verkündigt und die Gabe hat, kraft des Heiligen Geistes in die Herzen der Zuhörer hineinzusprechen, was uns in Gottes Wort geoffenbart ist. Prophetische Rede dient der Überführung von Schuld und Sünde und dadurch der Rettung des Menschen für Zeit und Ewigkeit. Noch einmal sei darauf hingewiesen und betont: Die prophetische Rede war eine *Offenbarungsgabe,* bis die Heilige Schrift vollständig entstanden war. Heute ist sie eine *Auslegungsgabe*.

Die Gabe der Geisterunterscheidung

Die nächste Gabe, die genannt wird, ist die Gabe, Geister zu unterscheiden. Ist diese Gabe heute auch notwendig? Diese Gabe war immer schon notwendig, in der Endzeit ist sie es aber ganz besonders, denn es gibt heute so viele falsche Geister, falsche Christusse, falsche Propheten und falsche Apostel wie noch nie.

Gottes Wort ruft uns eindringlich zur Geisterunterscheidung auf, so in 1. Johannes 4,1: *Geliebte, glaubt nicht jedem Geist, sondern prüft die Geister, ob sie aus Gott sind! Denn es sind viele falsche Propheten in die*

Welt ausgegangen. Die Bibel hat uns etliche Kriterien zur Geisterunterscheidung gegeben. Dazu einige Beispiele.

Grundsätzlich ist zu sagen, dass alles gemeindliche Leben *an Hand des Wortes Gottes* zu prüfen ist. Dies ist das Grundkriterium, um die Geister zu unterscheiden. So ist es zum Beispiel wichtig, ob jemand Jesus durch den Heiligen Geist überhaupt als Herrn bekennt (1. Korinther 12,3) und dieses Bekenntnis auch mit seinem Leben übereinstimmt – oder aber ob jemand Jesus gar verflucht und dadurch zeigt, dass er einen bösen und falschen Geist besitzt. Weiter ist wichtig, ob jemand Jesus als Sohn Gottes anerkennt (1. Johannes 2) und auch anerkennt, dass Jesus wirklich Mensch bzw. Fleisch wurde (1. Johannes 4). Wer dies bestreitet, der kommt vom Antichristen.

Ein Kennzeichen zur Geisterunterscheidung ist auch, ob jemand *durch Handauflegung in Trancezustände fällt*, was als negativ zu werten ist. Das Plappern wie die Heiden und das Umfallen nach hinten ist – wie schon erwähnt – ein Zeichen des Gerichts (Jesaja 28,13). Dagegen ist es positiv zu werten, wenn jemand sich bewusst zu Jesus bekehrt, über seine Sünden Buße tut, sich nach vorne auf sein Angesicht neigt und Gott anbetet, was ein Zeichen echter Buße und Bekehrung gemäß 1. Korinther 14,25 ff. ist.

Die Geisterunterscheidung wird im Zusammenhang mit anderen Gaben genannt, weil sie dazu dient, echte von falschen Gaben zu unterscheiden. Es gibt echte (vom Heiligen Geist gewirkte) Charismen und falsche, so genannte Pseudo-Charismen, Lügengaben, die nicht von Gott sind. Diese falschen Charismen stammen von dämonischen, teuflischen Mächten. Daher ist die Geisterunterscheidung dringend notwendig, denn die Dämonen ahmen Gottes Wirken nach.

Die Gaben des Sprachenredens (»Zungenredens«) und seiner Auslegung

In der Aufzählung der Charismen in 1. Korinther 12 wird die Gabe bewusst zum Schluss und nicht am Anfang genannt, auf die die Korinther besonders Wert legten, die sie besonders hervorgehoben haben: Es ist das Reden in verschiedenen Arten von Sprachen, oft – fälschlich – mit »Zungen« übersetzt, das aber nicht ohne die dazu gehörige Auslegung (als weiterer Gabe) praktiziert werden darf. Das griechische Wort »glossa« kann zwar auch mit »Zunge« übersetzt werden, aber im biblischen Zusammenhang bedeutet es »Sprache«. Darauf gehe ich bei der gesonderten Auslegung zum »Zungenreden« anhand von 1. Korinther 14 ausführlich ein (siehe den Band »Zungenrede. Was lehrt die Bibel darüber?« in dieser Reihe).

Weitere Gaben

In Römer 12 werden noch weitere Gaben genannt. So steht in Römer 12,6 ff.: *… wir haben aber verschiedene Gnadengaben gemäß der uns verliehenen Gnade; wenn wir Weissagung haben, so sei sie in Übereinstimmung mit dem Glauben …* Dies bestätigt, was ich schon vorher geschildert habe. Es gibt auch heute noch Prophetie, Worte der Erkenntnis und der Weisheit. Aber wenn sie geäußert werden, müssen sie in Übereinstimmung mit dem überlieferten Glauben stehen, der uns in der Heiligen Schrift beschrieben wird. Die Prophetie darf nicht im Widerspruch zu dem feststehenden, überlieferten Wort Gottes, der Heiligen Schrift, stehen. Deshalb sind alle Äußerungen in der Gemeinde an diesem Maßstab, dem Wort Gottes, zu prüfen.

Die Gabe des Dienens

Weiter steht in Römer 12,7: ... *wenn wir einen Dienst haben, so geschehe er im Dienen.* So gibt es auch die Gabe des Dienens. Es ist wunderbar, dass diese Gabe in Gottes Wort vermerkt und nicht ausgelassen wird. Diese Gabe des Dienens wird in der Gemeinde gar nicht oft oder gern betont. Vielmehr werden von manchen Kreisen die »spektakulären« Gaben betont: »Zungenrede«, Prophetie, Heilungen, Wunder, – »Powerevangelisation«. Das interessiert und begeistert viele Menschen. Aber hier steht ganz schlicht die Gabe des Dienens: ... *wenn wir einen Dienst haben, so geschehe er im Dienen.*

Wir sollen nicht uns selbst dienen und uns mit unserem Dienst groß machen, sondern anderen und damit dem HERRN zur Verfügung stehen. Wir sollen uns hingeben und einsetzen, um anderen zu helfen. Hier ist jede Art praktischer Hilfe gemeint. Es möge sich jeder prüfen: Wo kann ich meinem Bruder und meiner Schwester eine Hilfe sein?

Kann ich ihm bei Hausarbeiten helfen? Kann ich Kranke besuchen? Kann ich mich bei Evangelisationen beteiligen? Kann ich in der Gemeinde Dienste tun, vielleicht zu Erntedank schmücken oder im Chor mitsingen? Kann ich Putzdienst leisten? Usw. ...

So gibt es in der Gemeinde vielfältige Möglichkeiten, im Dienen sich einzubringen. Interessant ist, dass in Römer 12 zuerst das Dienen und dann erst das Lehren bzw. Vorstehen genannt wird. Die Reihenfolge hat uns etwas zu sagen; im Wort Gottes ist jeder Buchstabe wichtig.

Die Gabe des Lehrens

Römer 12,7: … *wer lehrt, diene in der Lehre.* Gemeint ist, dass der, welcher lehrt, wirklich in der Lehre Christi bleiben und keine Irrlehre verkünden soll. Er soll nicht abirren vom schmalen Weg, der uns im Evangelium überliefert ist als der einzige Weg zur Errettung.

Bitte prüfe deine Lehre! Auch ich prüfe mich immer wieder am Worte Gottes. Lehren wir der Bibel gemäß? Haben wir irgendetwas zum Worte Gottes hinzugefügt oder davon hinweg getan? Dann wollen wir uns gerne vom Worte Gottes korrigieren lassen, auch in Gestalt von Brüdern, die uns auf unseren Irrtum hinweisen.

Lehren ist die Fähigkeit, Gottes Wahrheit auszulegen, sie richtig zu erklären und auch eine systematische Darlegung des Wortes Gottes zu entfalten – wobei jedes System Gefahr läuft, Gott in eine Art »Korsett« zu spannen und damit eine Irrlehre zu riskieren. So wurden in der Systematischen Theologie viele Lehrgebäude aufgerichtet, die einander widersprechen. Wichtig bleibt eben zu bedenken, dass unsere Erkenntnis Stückwerk ist (1. Korinther 13,9), und so werden wir auf Erden keine Vollkommenheit in der Lehre entwickeln.

Daher müssen wir alle Lehre am Worte Gottes prüfen und uns damit begnügen, in dem eins zu sein, was für unsere Errettung notwendig ist. Wir wollen uns nicht darüber streiten, wenn wir darüber hinaus in weniger wichtigen Lehrfragen unterschiedliche Erkenntnisse haben. So sollen wir den anderen stehen lassen, wenn er in manchen nicht heilsentscheidenden Fragen anders lehrt. Nicht ohne Grund ist *vor* der Gabe der Lehre die Gabe des Dienens genannt – und Dienst hängt mit Dienemut, Mut zum Dienen, zusammen, woraus sich das Wort »Demut« ableitet. So sollen wir auch in der Lehre demütig bleiben.

Die Gabe des Ermahnens

Römer 12,8: ... *wer ermahnt, diene in der Ermahnung.* In der Gemeinde muss ermahnt werden, damit sie nicht durch Sünde zerstört wird. Sie wird zwar nicht völlig fleckenlos bleiben, aber grobe Sünden müssen durch Ermahnung, wenn nötig auch durch Gemeindezucht, geahndet werden.

So muss unter Umständen ein Gemeindemitglied, das nicht bußfertig ist, ausgeschlossen werden, damit nicht die ganze Gemeinde vom Sauerteig der Sünde zerfressen wird. Gemeindezucht muss geübt werden, so schmerzlich dies auch manchmal ist. Aber es geschieht zum Segen der Gemeinde, damit sie vor dem Bösen bewahrt bleibt – und auch zum Segen desjenigen, der ausgeschlossen wird, damit er Raum zur Buße findet, damit er in sich geht, sich prüft und erkennen kann, worin er falsch gehandelt, gelehrt und gelebt hat (siehe Matthäus 18,15-18; 1. Korinther 5).

Die Gabe des Gebens

Des Weiteren heißt es in Römer 12,9: ... *wer gibt, gebe in Einfalt.* Auch das Geben ist eine Gabe. Was soll und kann man denn geben? Wir können Geld und Naturalien, allerhand Materielles schenken. Wir können auch unsere Zeit schenken! Sie ist ja oft die größte Mangelware! Je mehr Menschen man kennt, desto weniger Zeit hat man, allen gerecht zu werden. Hier bitte ich auch für mich um Verständnis. Hunderte von Menschen rufen und schreiben uns im Laufe eines Jahres an. Sie suchen geistlichen Rat und Hilfe. Das kostet Kraft und Zeit. Aber es bringt auch Freude, denn uns anderen zu widmen, ist ein schöner Dienst, den wir so tun dürfen, wie der HERR uns Kraft schenkt.

… *wer gibt, gebe in Einfalt.* In Einfalt geben heißt, dass man nicht erwartet, für seinen Dienst bzw. für seine Gabe etwas zurückzuerhalten, sondern dass man seinen Dienst in kindlicher, freudiger Hingabe tut, dass man gern und willig gibt. Nicht in Einfalt zu geben, hieße, für seine Gabe eine Gegenleistung oder zumindest Dank zu verlangen.

Wir sollen aber so geben, wie der Herr Jesus sich hingegeben hat. Jesus war ehrlich und aufrichtig und hat Sich hingegeben, ohne eine Gegenleistung zu verlangen. Das Einzige, was Jesus von uns erwartet, ist, dass wir Ihn als Geschenk annehmen, damit Er in unseren Herzen wohnen kann, dass wir dadurch Seine Liebe erwidern. Darüber freut Er Sich, dass wir Gottes Kinder werden und uns durch Seine Kraft und Vergebung von unserem sündigen Leben abwenden und Ihm in Liebe und Dankbarkeit nachfolgen. Hast du dich schon für Jesus entschieden? Das ist ganz entscheidend! Es geht dabei um Leben und Tod!

Beim Geben ist also die richtige Herzenshaltung entscheidend! Wir sollen nicht geben, um Ehre und Ruhm oder Gegenleistungen zu bekommen, sondern wir sollen in selbstloser Hingabe und Einfalt geben. Das soll das Ziel unseres Handelns sein.

Nicht jeder kann viel geben. Aber wir können das geben, was wir haben: unsere Zeit, unser Gut, unser Leben, als Einsatz für den HERRN. Missionare geben oft weit mehr an Zeit und Kraft, als andere Christen es tun können. Es ist nicht jedem geschenkt, im vollzeitlichen geistlichen Dienst zu arbeiten und diesen besonderen Einsatz zu erbringen, aber jeder sollte das, was der HERR ihm zeigt und ermöglicht, tun.

Die Gabe des Vorstehens

Römer 12,8: ... *wer vorsteht, tue es mit Eifer.* Manchmal werden Älteste müde, es findet sich kein Nachfolger und so bleiben sie »halblebig« im Amt – so soll es nicht sein! Sondern man soll der Gemeinde mit Eifer vorstehen!

Nicht mit Ehrgeiz oder Fanatismus, sondern gemeint ist mit ganzem Einsatz, mit »Leib und Seele«, mit der Hingabe der ganzen Person. Der Vorsteher der Gemeinde soll Freude haben an seinem Dienst und ganz dahinter stehen. Es liegt eine große Verantwortung auf diesem Dienst und damit auch auf dem Vorsteher der Gemeinde.

Sein Dienst lässt sich bildlich mit dem eines Steuermanns auf einem Schiff vergleichen. Er ist dafür verantwortlich, dass das Schiff in die richtige Richtung fährt. Wenn der Steuermann einschläft und seinen Dienst nicht richtig versieht, fährt das Schiff sehr schnell in die falsche Richtung und es kommt zur Katastrophe.

So verhält es sich auch in der Gemeinde. Wenn der Älteste oder die Ältesten schlafen und nicht mehr wachsam sind, dann entwickelt sich die Gemeinde negativ. Sie kann geistlich einschlafen, ja sogar absterben. Sicherlich hängt nicht alles geistliche Wachstum von einzelnen Personen ab, aber es sind nun einmal Schlüsselpositionen von Menschen besetzt, die der Gemeinde vorstehen. Diese müssen vom Heiligen Geist besonders die Gabe der Leitung erbitten und ihren Dienst mit ganzer Hingabe, mit Freude und mit Eifer tun.

Die Gabe der Barmherzigkeit

Zum Schluss von Römer 12,8 steht: … *wer Barmherzigkeit übt,* (tue es) *mit Freudigkeit!* Barmherzigkeit beinhaltet, dass wir für die Nöte anderer aufmerksam sind und ihnen beistehen, dass wir Witwen und Waisen besuchen und umsorgen; dass wir die Nöte der Geschwister im Besonderen und die unserer Mitmenschen im Allgemeinen wahrnehmen und ihnen helfen.

Diese Hilfe sollte aber nicht griesgrämig und widerwillig geschehen, sondern mit Freudigkeit. Nicht jeder hat die Gabe, mit Freudigkeit zu helfen, daher ist diese Fähigkeit als Geistesgabe aufgeführt. Wir dürfen aber als Christen, die immer nur einzelne dieser genannten Gaben haben, darum bitten, dass wir, wenn wir jemandem helfen, dies durch die Kraft und Gnade Gottes freudig tun.

Dienste in der Gemeinde

Nun möchte ich noch auf die wichtige Frage nach den Diensten eingehen, welche ebenfalls in 1. Korinther 12 angesprochen sind. Zunächst sind ja in 1. Korinther 12 Gaben genannt, die wir schon betrachtet haben. Daraufhin werden in 1. Korinther 12,28-30 Dienste erwähnt (aufgrund von Gaben), die vom HERRN in der Gemeinde eingesetzt sind, die zum Teil nur damals eingesetzt waren und die es zum Teil nach biblischer Lehre heute nicht mehr gibt.

So lesen wir in 1. Korinther 12,28-30: *Und Gott hat in der Gemeinde etliche eingesetzt, erstens als Apostel, zweitens als Propheten, drittens als Lehrer, sodann Wunderkräfte, dann Gnadengaben der Heilungen, der Hilfeleistung, der Leitung, verschiedene Sprachen. Sind etwa alle Apostel? Sind etwa alle Propheten? Sind etwa alle Lehrer? Haben etwa alle Wunderkräfte? Haben alle Gnadengaben der Heilungen? Reden alle in Sprachen? Können alle auslegen?*

Die Antwort steht hier nicht wörtlich, aber es handelt sich um eine sogenannte rhetorische Frage. Daher muss die Antwort auf diese Fragen vom sprachlichen her »Nein!« lauten. So sind die Gaben und die Dienste, die der Heilige Geist wirkt und schenkt, eben verteilt. Mit den Geistesgaben und den Diensten verhält es sich nicht so wie mit der Frucht des Heiligen Geistes in Galater 5,22, die jedem Christen geschenkt ist, die jeder Christ hervorbringt. Nein, die Gaben und Dienste, gewirkt durch den Heiligen Geist, werden den Christen unterschiedlich zugeteilt, wie Gott es will. Dies wird in 1. Korinther 12 immer wieder betont.

Daher ist die Lehre, dass alle Christen »in Zungen reden« müssen, falsch, was immer auch das »Zungenreden« bedeutet. Wenn es das »Zungenreden« heute überhaupt noch geben sollte, dann können diese Gabe immer nur einzelne haben, weil eben die Gaben des Geistes auf die Gläubigen verteilt sind. Es ist unbiblisch, wenn bestimmte Gruppen behaupten, dass bei ihnen alle Christen in Zungen beten (siehe hierzu meine gesonderte Ausarbeitung über das »Zungenreden«, zu 1. Korinther 14).

Nun möchte ich noch auf die Begriffe Apostel, Propheten, Lehrer und einige andere wichtige Aspekte eingehen.

Der Dienst des Apostels

Gibt es heute noch Apostel? Wir kennen ja die so genannte Neuapostolische Kirche, die, wie der Name schon sagt, behauptet, dass Gott seit dem 19. Jahrhundert wieder neue Apostel berufen habe. Dagegen bin ich überzeugt, dass es seit dem 2. Jahrhundert nach Christus keine Apostel mehr gibt. Der letzte Apostel, der in hohem Alter verstorben ist, war der Apostel Johannes.

Dies möchte ich folgendermaßen begründen: Apostel, griechisch (Mehrzahl) »apostoloi«, bedeutet: die Gesandten. Sie sind Menschen, die Jesus Christus als Zeugen Seines Lebens und Wirkens und als Boten Seines Evangeliums berufen hat. Sie sind deshalb in der Regel Augen- und Ohrenzeugen des Lebens und Wirkens des irdischen Jesus Christus sowie Seiner Auferstehung.

Dies wird unter anderem deutlich bei der Nachwahl des Matthias zum Apostel an Stelle von Judas Iskariot, was in Apostelgeschichte 1,21-22 beschrieben ist: *So muss nun einer von diesen Männern, die bei uns gewesen sind die ganze Zeit über, als der Herr Jesus unter uns ein- und ausgegangen ist – von der Taufe des Johannes an bis zu dem Tag, an dem Er von uns genommen wurde –, mit uns Zeuge Seiner Auferstehung werden.* Diese Kriterien musste ein Apostel erfüllen, wenn er zum Zwölferkreis gehören sollte. Daraufhin wurde dann Matthias zum Apostel gewählt. Durch dieses Kriterium der Augenzeugenschaft des irdischen Lebens Jesu erfährt das Apostelamt seine historische Begrenzung auf die erste Generation der Jünger Jesu.

Wie verhält es sich nun mit der Berufung des Saulus vor Damaskus, der dann zum Paulus wurde? Dieser Vorfall ist eine Ausnahme und keineswegs die Regel einer Berufung zum Apostel. Dies kommt dadurch zum Ausdruck, dass Paulus sein Apostelamt gegen seine Gegner in Korinth und Galatien heftig verteidigen muss (vergleiche 2. Korinther 4 ff. und Galater 1 ff.) und er sich selbst als eine »brephos«, auf Deutsch eine

»unzeitige Geburt« bezeichnet (1. Korinther 15,8 ff.). Somit sieht Paulus sich selbst als einen *nicht regulär* zum Apostelamt Berufenen, der aber doch, und das betont Paulus immer wieder, den Herrn Jesus *gesehen* hat (1. Korinther 9,1).

Das macht deutlich, dass Paulus ebenfalls ein *Augenzeuge* des auferstandenen und erhöhten Herrn Jesus Christus und somit rechtmäßig zum Apostel berufen ist. Keine der heutigen katholisch-apostolischen, neuapostolischen und anderen apostolischen Sekten kann von sich behaupten, den Herrn Jesus leiblich oder als Auferstandenen gesehen zu haben.

Zur Verdeutlichung 1. Korinther 15,8 ff. im Wortlaut: *Zuletzt aber von allen erschien Er auch mir, der ich gleichsam eine unzeitige Geburt bin. Denn ich bin der geringste von den Aposteln, der ich nicht wert bin, ein Apostel zu heißen, weil ich die Gemeinde Gottes verfolgt habe.* Hier sagt Paulus, dass der Herr Jesus ihm als Letztem erschienen ist. So ist der letzte Auferstehungszeuge, der in der langen Zeugenliste in 1. Korinther 15 genannt wird, eben der Apostel Paulus. Mit ihm ist die Apostelberufung abgeschlossen.

Die urchristlichen Apostel waren berufen, Sendboten des Herrn Jesus zu sein. Zunächst gingen sie zu den Juden und dann auch zu den Heiden, um die endzeitlich anbrechende Gottesherrschaft auszurufen und alle Menschen dazu einzuladen. Es gab außer den Zwölfen noch weitere vom HERRN berufene Apostel, die aber auch mit der ersten Generation der Hauptapostel, also dem Zwölferkreis, ausgestorben sind. Es wird nirgendwo in der Bibel berichtet, dass Nachfolger eingesetzt werden sollten – natürlich auch keine Päpste! Nirgends in der Bibel wird von einem Nachfolger des Petrus gesprochen. Diese katholischen Lehren sind menschliche Konstrukte, die unbiblisch gebildet werden.

Die heutigen Apostelsekten gehen übrigens allesamt auf die so genannte Katholisch-Apostolische Kirche zurück. Im 19. Jahrhundert um 1820 begannen plötzlich Männer in England, sich gegenseitig zu Aposteln und Propheten einzusetzen. Dass dies nicht im Auftrag des HERRN geschah, lässt sich unter anderem daran erkennen, dass sie falsche Zukunftsvoraussagen gemacht haben. So haben sie zum Beispiel gesagt, dass zu ihren Lebzeiten Jesus wiederkommen würde. Sie sind aber alle bis zum Beginn des 20. Jahrhunderts gestorben – als letzter Woodhouse, zu dessen Lebzeiten die Neuapostolische Kirche (NAK) als Absplitterung der Katholisch-Apostolischen Kirche entstanden ist. Die NAK ist als die dritte Abspaltung aus den Geyerianern (der falsche Prophet Geyer hatte neue Apostel berufen) hervorgegangen – und auch heute sind die Apostelsekten vielfach zersplittert.

Falsche Apostel, unter ihnen auch der NAK-Stammapostel Johann Gottlieb Bischoff in den fünfziger Jahren des 20. Jahrhunderts, behaupteten immer wieder, dass der Herr Jesus zu ihrer Lebzeit wiederkäme. Johann Gottlieb Bischoff starb dann 1960 und seine Prophezeiung war nicht eingetroffen. Solche Menschen sind falsche Apostel und falsche Propheten der Neuzeit. Gerade deshalb ist die Gabe der Geisterunterscheidung so notwendig, um diese falschen Apostel und Propheten, um Irrlehre und Irrlehrer zu durchschauen. (Siehe ausführlicher zu dieser Frage mein Buch: Neuapostolische Kirche. Gibt es wieder Apostel?)

Der Dienst des Propheten

Es gibt heute keine Propheten mehr wie zur Zeit des Alten und des Neuen Testaments. Prophetie bedeutet heute, das in Gestalt der Bibel niedergeschriebene Wort Gottes mit Hilfe Seines Heiligen Geistes recht auszulegen und zu verstehen. Hierzu gilt, was ich oben über die Gabe der Weissagung ausgeführt habe.

Nun möchte ich vier Dienste erwähnen, die heute noch in den Gemeinden vorkommen und in der Bibel immer wieder erwähnt werden.

Der Dienst des Lehrers

Lehrer sind die Ausleger der christlichen Lehre, die Gottes Wort in ein Lehrsystem zu fassen versuchen – mit aller gebotenen Vorsicht allerdings, damit sie nicht ein Lehrgebäude aufstellen, das über Gottes Wort hinausgeht. In Jakobus 3,1-2 steht folgende Warnung: *Liebe Brüder, werfe sich nicht ein jeder zum Lehrer auf, sondern bedenkt, dass wir Lehrer ein strengeres Urteil empfangen werden. Denn wir fehlen alle in vielfältiger Weise. Wer aber auch im Wort nicht fehlet, der ist ein vollkommener Mann und kann auch den ganzen Leib im Zaum halten.* Paulus ermahnt Timotheus in 1. Timotheus 4,16: *Hab Acht auf dich selbst und auf die Lehre; beharre in diesen Stücken! Denn wenn du das tust, wirst du dich selbst retten und die, die dich hören.*

Der Dienst des Evangelisten

Evangelisten besitzen eine besondere Gabe, die nicht jeder Christ hat. Es gibt ja den bekannten Spruch: Jeder Mensch ist entweder ein Evangelist oder ein Missionsfeld. Wir sollen als Christen überall den Herrn Jesus bezeugen. Und doch gibt es darüber hinaus, als Gabe des Heiligen Geistes, eine spezielle Berufung zu einem evangelistischen Dienst. Es ist die besonders wirksame Begabung, zu den Menschen hinaus zu gehen und ihnen das Evangelium zu verkündigen, so dass viele zum Glauben an den Herrn Jesus kommen. Immer wieder hat Gott in der Geschichte der Gemeinde Jesu solche Menschen berufen. Sie sind Verkündiger der guten Botschaft. So ist etwa Philippus einer der ersten, der in Apostelgeschichte 8,5 ff. genannt wird: *Philippus aber kam hinab in die Hauptstadt Samariens und predigte ihnen von Christus.*

Der Dienst des Diakons

Apostelgeschichte 6 berichtet uns, dass die Apostel überfordert waren mit den vielen Nöten, die an sie herangetragen wurden. So musste in der Gemeinde die Armenversorgung, etwa die Speisung der Witwen, die damals in Jerusalem in der alten Zeit sehr schlecht gestellt waren, geregelt werden. Um die Apostel zu entlasten, hat man Diakone eingesetzt, Helfer, die zum Teil auch einen Verkündigungsdienst wahrgenommen haben, sofern sie diese Gabe besaßen. Der bekannteste dieser frühen Diakone ist der Märtyrer Stephanus, der erste Blutzeuge unseres Herrn Jesus.

Für Diakone gelten die Kriterien, die in 1. Timotheus 3,8-13 genannt sind:

Gleicherweise sollen auch die Diakone ehrbar sein, nicht doppelzüngig, nicht vielem Weingenuß ergeben, nicht nach schändlichem Gewinn strebend; sie sollen das Geheimnis des Glaubens in einem reinen Gewissen bewahren. Und diese sollen zuerst erprobt werden; dann sollen sie dienen, wenn sie untadelig sind. [Die] Frauen sollen ebenfalls ehrbar sein, nicht verleumderisch, sondern nüchtern, treu in allem. Die Diakone sollen jeder Mann einer Frau sein, ihren Kindern und ihrem Haus gut vorstehen; denn wenn sie ihren Dienst gut versehen, erwerben sie sich selbst eine gute Stufe und viel Freimütigkeit im Glauben in Christus Jesus.

Der Dienst des Ältesten

Weiter berichtet die Bibel über den Dienst der Presbyter, der Ältesten. Es finden sich auch die sogenannten Episkopoi, die einen ähnlichen Dienst versehen. Luther übersetzt Episkopoi mit »Bischöfe«, ich würde das Wort lieber mit »Aufseher« übersetzen. Sie sind eine Art Oberälteste, allerdings nicht im Sinne der kirchlichen Landesbischöfe. Das ist eine Einrichtung, die aus der Reformationszeit stammt und die sich so in der Bibel nicht findet. Es gibt in der Bibel nur Vorsteher für die Gemeinden vor Ort, aber keine überregionalen Dachverbände.

Die Apostel ihrerseits besaßen zwar eine gewisse »Oberautorität«, aber nach ihrem Aussterben gab es in den Gemeinden eben nur noch Älteste, ein Amt, das sich bis heute gehalten hat. Diese haben die Aufgabe, Leiter der Gemeinden zu sein, über die gesunde Lehre sowie über die Ordnung in der Gemeinde zu wachen und auch seelsorgerlich zu dienen, wobei natürlich nicht jeder Älteste alle Gaben hat. So ist es gut, wenn es in einer Gemeinde mehrere Älteste gibt, damit man sich mit seinen Gaben ergänzen kann.

Ich halte es für sehr ungesund, wenn eine Gemeinde nur von einem einzigen »Hauptamtlichen« betreut wird, so wie in der Landeskirche vom Pfarrer, der dann praktisch alle Gaben in sich vereinigen soll und dies doch gar nicht kann. Er ist überfordert und regiert dann vielleicht auch noch autokratisch über eine Gemeinde. Dies ist ein schlechter Zustand. Stattdessen sollen in der Gemeinde immer mehrere Brüder sein, mehrere Älteste, die sich diesen Dienst teilen.

Ich schließe nun mit dem Hinweis auf die Kriterien für einen Ältesten, zitiert aus 1. Timotheus 3,1 ff.

Ein Bischof (gemeint ist: Vorsteher, Ältester) *aber soll untadelig sein, Mann einer einzigen Frau, nüchtern, maßvoll, würdig, gastfrei, geschickt im Lehren, kein Säufer, nicht gewalttätig, sondern gütig, nicht streitsüchtig, nicht geldgierig, einer, der seinem eigenen Haus gut vorsteht und gehorsame Kinder hat in aller Ehrbarkeit.*

Schluss

Wir wollen dankbar sein, dass der HERR durch Seinen Geist eine solche Vielfalt an Gaben (es wären noch weitere zu nennen) gegeben hat. So wollen auch wir uns prüfen, welche Gaben wir haben und sie in einer geordneten Weise in die Gemeinde einbringen. Auch die Ältesten sind aufgefordert, die Gaben in einer Gemeinde zu entdecken, damit die Geschwister sich am Dienst beteiligen, in den Fähigkeiten, die der HERR ihnen geschenkt hat. Alles aber soll, wie gesagt, ordentlich zugehen, denn Gott ist nicht ein Gott der Unordnung, sondern des Friedens. Möge der HERR uns alle in unseren Gemeinden zum Segen setzen. Amen.

Wir beten: Lieber Herr Jesus Christus, danke, dass Du eine solche Vielfalt an Gaben verheißen hast, die auch heute noch gelten. So hilf uns auch, dass wir uns einbringen, wo Du uns hinstellst. Lass uns alle den Auftrag erfüllen, den Du uns gegeben hast. Lass uns aber auch nicht falsche Gaben beanspruchen, die nicht für uns gedacht sind, damit nichts Böses und Falsches in unsere

Gemeinden hineinkommt. So schenke uns die rechte Demut und Erkenntnis Deines Willens für unser Leben. Dir sei alle Ehre gebracht. In Deinem Namen, Herr Jesus. Amen.

Themen der Reihe ORIENTIERUNG

1. Endzeit-Zeichen. Aufruf zur Wachsamkeit
2. Der breite und der schmale Weg
3. Sexuelle Reinheit. Ist das möglich?
4. Kopfbedeckung der Frau. Was lehrt die Bibel darüber?
5. Esoterik. Was sich in Wirklichkeit dahinter verbirgt
6. Malzeichen und Chip. Kommt die totale Kontrolle?
7. Ökumene. Biblische oder unbiblische Einheit
8. Heiße Eisen in den Gemeinden. Wie umstrittene Lehren ...
9. Freimaurer. Geheime Drahtzieher hinter den Kulissen
10. Islam. Religion der Macht
11. Geistesgaben. Was lehrt die Bibel darüber?
12. Zungenreden. Was lehrt die Bibel darüber?
13. Dreieinigkeit. Was lehrt die Bibel darüber?
14. Adventisten. Freikirche oder Sekte?
15. Wölfe in Schafskleidern.
16. Musik. Kann man mit jeder Musik Gott loben?
17. Der Christ und der Sieg.
    Wie kann ich der Sünde widerstehen?
18. Wahre Liebe. Wie wird sie konkret?
19. Europäische Union – das Ende der Freiheit?
20. Beten. Was ist biblisches Gebet?
21. Krankheit. Wie gehe ich als Christ damit um?
22. Lass dich nicht hynotisieren! Warnung vor Mandalas ...
23. Heiligung. Wie kann ich Gott gehorsam sein?
24. Genderismus. Die sanfte Umerziehung
25. Abendmahl – was lehrt die Bibel darüber?
26. Älteste und Diakone – was lehrt die Bibel darüber?
27. Entrückung der Gemeinde – wann geschieht sie?
28. Erwählung und Bekehrung. Unwiderstehliche Gnade ...
29. Feindesliebe – ist das möglich?
30. Sorgen oder vertrauen? Wie gelange ich durch Krisen ...
31. Vaterunser – das Gebet Jesu Christi
32. Wahre und falsche Frömmigkeit.
    Wie lebe ich ehrlich als Christ?
33. Abfallen vom glauben – ist das möglich?
34. Versöhnung des Alls. Werden am Ende alle gerettet?
35. Geistliche Frucht bringen.
    Wie kann ich Gott mit meinem Leben dienen?
36. Geisterunterscheidung. Wie kann das geschehen?
37. Neue Weltordnung und Welteinheitsreligion.
38. Bekehrung und Wiedergeburt –
    entscheidend für das Leben!
39. Mystik, Yoga, Geisterkult – was steckt dahinter?
40. Taufe – was lehrt die Bibel darüber?

GEISTESGABEN

Was lehrt die Bibel dar…

Folgende Gaben werden da…
die Gaben der Weisheit und der Erkenntnis,
des Glaubens, der Heilung, der Wirkung
von Wunderkräften, der Weissagung,
der Geisterunterscheidung, des Dienens,
des Lehrens, des Ermahnens, des Gebens,
des Vorstehens und der Barmherzigkeit.
Außerdem der Dienst des Apostels,
des Propheten, des Lehrers, des Evangelisten,
des Diakons und des Ältesten.

ISBN 978-3-86203-063-7
9 783862 030637

Bestell-Nr.: 894 063 / ISBN
978-3-86203-063-7
Samenkorn, Liebigstr. 8,
33803 Steinhagen